VIE DE MONSEIGNEUR SIBOUR,

Archevêque de Paris.

SES OEUVRES, SA MORT,

Par M. Poujoulat.

(Paris, Repos, libraire éditeur).

———

Qu'on nous permette, avant d'aborder le sujet de ce livre, de parler tout d'abord de sa forme et de son style. L'auteur, nous le savons, ne nous en voudra point; mieux que personne, il comprendra qu'une fois en présence de la sainte figure qu'il vient de nous *montrer vivante*, il nous serait impossible de détourner nos yeux de cette face vénérable, et d'avoir pour d'autres une pensée ou un regard.

Et encore glisserons-nous rapidement sur le mérite de l'ouvrage ; qu'apprendrions-nous au public du talent si pur, si distingué, et tout à la fois si sobre de l'historien de saint Augustin, du peintre de Bossuet? Et ne pourrait-on pas lui appliquer cet éloge d'un maître, à si bon droit difficile, qu'en le lisant, on est *tout ravi de trouver un homme là où on ne cherchait qu'un auteur?* Rarement *l'auteur* s'est mieux effacé; *l'homme* s'est plus laissé voir : il est impossible, en lisant ces pages, de ne point sentir palpiter le cœur d'un ami, de ne point voir, pour ainsi dire, trembler d'émotion et de douleur la main qui raconta cette vie trop peu connue, et à laquelle rien n'a manqué, pas même, comme semblait le prédire la plus éloquente voix de notre âge, pas même *des malheurs aussi grands que ses vertus* (1).

Pour bien louer le biographe, occupons-nous donc désormais de celui qui seul absorbait la pensée de l'écrivain ; non sans avoir, cependant, inséré quelques lignes où l'on retrouvera les sentiments et les émotions au milieu desquels ce livre a été écrit.

Mgr Sibour vient d'arriver dans son pauvre diocèse de Digne ; il en parcourt les sentiers les plus abrupts, il pénètre dans les lieux les plus inaccessibles, dans des vallées dérobées au reste du monde et qui « depuis 150 ans n'a-»vaient point vu d'évêques. » Voici le tableau de cette visite épiscopale où le pasteur, comme son divin Maître, passait en faisant le bien.

« On venait à sa rencontre en habits de fête, on s'age-
» nouillait en sa présence, la joie était sur tous les fronts,
» les pauvres oubliaient qu'ils étaient pauvres, les cabanes
» paraissaient sourire ; la visite de l'évêque était comme une
» visite du bon Dieu, et le ciel semblait toucher la terre.
» Que l'évêque était bon ! qu'il était père ! Tous pouvaient
» l'approcher et tous recueillaient de ces mots dont le sou-
» venir remplit longtemps les cœurs simples et purs.

» . . . .

» Combien un jour il fut touché de ces mères descendant
» des plus hauts sommets avec leurs enfants dans le ber-
» ceau pour venir chercher sa bénédiction à son passage !
» O montagnes si séparées des bruits du monde et des tem-
» pêtes humaines, vous avez donné des joies bien douces à
» celui que vous ne reverrez plus ! (2) »

Nous n'en citerons pas davantage ; aussi bien, ces derniers mots, si remplis de larmes, nous rappellent, et pour jamais, à notre douloureux sujet.

(1) Le P. Lacordaire, en prononçant sa première conférence devant le prélat.

(2) Page 125.

II.

Sans nous astreindre à l'ordre des temps, nous considé-
rerons d'abord notre archevêque sur ce siége de Paris qu'il
devait, comme son prédécesseur, illustrer de son sang après
l'avoir honoré de ses vertus. Nous nous étendrons peu, re-
lativement, sur cette période, le gouvernement d'un pareil
diocèse appartenant à l'histoire et s'exerçant au grand jour
de la publicité.

Précédé d'une lettre pastorale où resplendissaient les ar-
deurs de cette charité qu'il avait prise pour devise, où bril-
lait un magnifique éloge du pontife immortel dont il devait,
hélas! suivre jusqu'aux dernières traces, Mgr Sibour prend,
le 18 octobre (1), possession de ce siége ensanglanté. Son
premier soin est de rendre un nouvel et solennel hommage
au martyr de la charité; sa première fonction à Notre-Dame
fut un service, moins pour le repos de cette âme sainte, que
pour la satisfaction de son propre cœur. Cette journée du
25 octobre devait être complète; on sait comment, après
l'office, le prélat voulut aller, revêtu de tous ses insignes,
visiter le théâtre fumant encore de cette héroïque immola-
tion; on sait quel accueil l'attendait au milieu de ces popu-
lations à peine calmées; on sait quel spectacle offrit ce faubourg Saint-Antoine, et combien on put concevoir d'espé-
rances trop tôt évanouies (2).

La suite répond à de tels débuts; l'archevêque l'a déclaré :
« il aime mieux être *pasteur* qu'*administrateur*, » et, comme
son divin Maître, on le voit courir après les brebis égarées
de son troupeau. On n'a point oublié, sans doute, ces visites pastorales dans le faubourg St-Marceau; ce pontife
gravissant les échelles tremblantes par où l'on peut at-
teindre aux grabats des enfants de la sainte sœur Rosalie.
Les plus lamentables douleurs, il les console et les bénit ;

(1) 1848.
(2) p. 214 et suiv.

il pénètre dans les ateliers les moins sympathiques, il essaie de dissiper les plus haineuses préventions ; il descend même dans les lieux sombres où frémissaient encore les débris vaincus, mais non domptés, de cette folle armée qu'avaient lancée contre la civilisation et l'humanité, les plus méprisables des sophistes et les plus lâches des séditieux (1).

Paris, naguère le séjour envié de tous les enchantements, semblait être devenue la proie de toutes les misères, le rendez-vous de tous les fléaux : la charité du pasteur grandit avec les besoins.

Nous ne parlons pas de ses aumônes, elles étaient sans nombre ; mais de toutes les œuvres qu'il entreprit ou fonda, de cette œuvre des *familles* surtout, par laquelle, suivant des calculs où le cœur avait peut-être plus de part que la statistique, dix familles riches ou aisées se chargeant d'une famille pauvre, on devait, avant peu, voir disparaître le paupérisme, ce hideux ulcère attaché aux flancs des sociétés modernes.

A tant de maux vient se joindre le choléra : on sait l'attitude de notre prélat devant le fléau ; on sait s'il fut digne des grands exemples que lui avait laissés l'un de ses plus illustres prédécesseurs. Nous l'avons vu aux premiers jours de cette invasion nouvelle, et nous pouvons dire quelles douloureuses anxiétés pour son peuple, quel parfait oubli de soi-même marquaient son langage et ses actes ; nous pouvons dire la douleur de son âme et le calme de son esprit, après cette visite à la Salpétrière où une seule nuit avait fait quarante victimes dans cette population consternée (2).

Puis viennent les œuvres du Pontife ; le premier , malgré des obstacles de toute sorte, il renoue la chaîne interrompue des conciles provinciaux, et donne un exemple suivi par ses collègues avec la plus glorieuse ardeur. Plus tard ,

(1) 241 et suiv.
(2) 8 avril 1849.

quand s'ouvrira devant Dieu l'église Sainte-Geneviève, sur cette montagne où la Raison en révolte semble avoir établi ses citadelles contre la Foi, il viendra, lui, réconcilier ces deux puissances distinctes, mais non ennemies. Il ouvrira une chaire où l'on s'efforcera d'effacer de regrettables dissidences ; et, pour cimenter une réunion dont il ne faut point désespérer, malgré des haines aveugles et des violences aussi coupables, peut-être, que la révolte même, il rassemblera longtemps dans une commune solennité des esprits trop divisés ; il instituera la Fête des écoles et la mettra sous la protection du plus chrétien des philosophes et du plus philosophe des chrétiens; de cet évêque d'Hippone qui semble avoir eu, de tout temps, les préférences de son esprit et les affections de son cœur. Le croira-t-on, cette tentative généreuse et digne d'éloges éternels eut à subir l'indifférence des uns, les « indécentes attaques » des autres, et nous n'osons pas dire de quel côté sortaient les calomnies (1). Cette fête n'était point un vain simulacre ; en conviant la Raison, le prélat ne voulait ni l'humilier ni l'asservir. Loin de là, il protestait en faveur de ses droits méconnus ; il obtenait du Siége apostolique la solennelle déclaration de ses incontestables prérogatives, et, consolation plus douce, il avait le bonheur de voir s'incliner sous sa voix suprême le plus ardent, mais aussi le plus soumis des champions du traditionalisme (2).

Que n'a point fait notre saint prélat pour étendre le règne de Dieu dans son diocèse ! Combien d'œuvres pieuses il a fondées, notamment celle de l'Adoration perpétuelle dans les églises. Que de peines, de soins, d'anxiétés de toute nature ne lui a point coûtés cette division des paroisses, le plus grand, le plus fécond de tous ses actes, et dont il dut la réalisation à l'intervention personnelle et inébranlable du chef de l'Etat ! Quelle sollicitude pour ses chers coopérateurs ! combien il veillait à leur assurer la dignité avec

(1) Page 332.
(2) Page 333 et suivantes.

l'indépendance, à réveiller leur zèle, à entretenir leur émulation, à les prémunir contre les dangers de l'isolement dans cette immense cité, « vaste désert d'hommes. » Quelle douloureuse anxiété pour lui de voir chaque jour l'ivraie étrangère venir se mêler au bon grain, et la brebis galeuse déshonorer son troupeau chéri ! Etrange coïncidence ! Sa dernière œuvre fut une circulaire inachevée et expédiée par les vicaires généraux capitulaires, circulaire dans laquelle il conjurait ses vénérables collègues d'empêcher, autant qu'il était en eux, les prêtres interdits de venir chercher leur vie à Paris (1).

Pour la plupart des actes de l'épiscopat de Mgr Sibour, l'historien s'est borné à son rôle de narrateur élégant et précis : quelques points seulement, jadis l'objet d'attaques passionnées et injustes, ont exigé, non pas une apologie, mais de simples explications, et, comme lui, nous allons nous y arrêter un moment.

Nous dirons à peine un mot de l'intervention, non pas du prélat, mais de l'homme, auprès du ministre des affaires étrangères, en faveur de Venise près de succomber (9 août 1849). La publication d'une lettre confidentielle (2) fut peut-être une indiscrétion ; mais ceux qui ont pu voir, comme nous, à une année de là, le lion de Saint-Marc sous la gueule des canons, et les sanctuaires les plus respectés ravagés par les bombes autrichiennes, ceux-là s'élèveront, s'ils l'osent, contre les pacifiques supplications d'un prêtre pour de nobles vaincus, contre l'âme généreuse qui tentait d'épargner de nouveaux affronts à la reine tombée de l'Adriatique.

Il est une autre démarche dont le sens et les termes inconnus à ceux qui l'incriminèrent viennent enfin d'être rétablis. La plus coupable légéreté — nous adoucissons les termes — put seule avancer que Mgr Sibour avait osé conseiller à Pie IX, pour ne rien dire de plus, d'abdiquer son

(1) Page 376.
(2) Page 265-266,

pouvoir temporel : qu'on lise les pièces publiées pour la première fois (1) et l'on verra ce qui doit rester d'une calomnie dont jamais personne, du reste, n'osa publiquement prendre l'odieuse responsabilité.

Qu'en présence de l'appel fait par le cardinal-secrétaire d'État aux armes des puissances catholiques et notamment de l'Autriche, le prélat se soit ému; qu'il ait entrevu avec effroi le successeur du pêcheur de Galilée remontant sur le trône pacifique à l'ombre des baïonnettes étrangères; qu'il eût préféré le voir « se présentant aux nations catholiques » comme leur hôte et leur père, et s'en remettant à elles du » soin d'assurer une indépendance et une souveraineté qui » constituent un de leurs intérêts les plus élevés; » la politique de ce monde et les intérêts des puissances ont pu s'inspirer d'autres idées; l'avenir dira de quel côté se trouvait le plus sincère amour du siége apostolique et le dévoûment le plus éclairé à l'Eglise.

Mais nous pouvons dire, nous, que notre prélat avait été le premier à fonder pour le pontife exilé les vastes bases d'une liste civile véritablement *catholique* (2) ; qu'appelé cinq ans plus tard auprès de ce siége dont il aurait conspiré la ruine, il en recevait, avec un accueil plein de tendresse, des grâces que sa reconnaissance proclamait *excessives*. On n'a point oublié, sans doute, les attentions particulières de Pie IX pour notre archevêque ; son empressement à prévenir ses vœux, les larmes et les prières versées par le saint pontife sur le cercueil ensanglanté de ce fils chéri (3). Eh bien ! cette affection si marquée, si profonde, nous osons en voir la source dans ces paroles mêmes, blâmées par les sages de la terre, mais qui durent trouver un écho secret dans l'âme si pieuse et si tendre, dans le cœur si humble et si doux du vicaire d'un Dieu crucifié.

Ce voyage à Rome eut le privilége d'éveiller l'attention

(1) p. 260 à 264.
(2) p. 258.
(3) pages 344, 389, 390.

des adversaires, nous ne voulons pas dire des ennemis de l'Archevêque, et celle aussi de ceux qui semblaient le poursuivre de leur compromettante sympathie. Tous voyaient en lui un opposant au dogme de l'Immaculée-Conception ; ils préparaient, les uns leurs foudres, les autres leurs humiliantes couronnes : et les derniers, plus hardis, osaient se faire écrire de Rome, ou de Paris, que le prélat, dans une apocryphe réunion d'évêques, avait presque seul donné un vote contraire au dogme (1). L'historien explique fort bien comment, consulté en février 1849, l'Archevêque n'avait point cru le moment favorable à la promulgation d'un dogme, et le prélat, lui même, n'a pas craint de faire allusion à cette circonstance dans son Mandement pour la définition (2). Rien de plus, rien de moins : et si la feuille qui rappelle à tant d'égards la *Gazette de Hollande*, si l'*Indépendance belge*, au lieu de publier des correspondances où les faits étaient aussi exacts que les appréciations, avait eu quelque souci de la vérité, elle eût appris que, dès 1842, l'évêque de Digne sollicitait lui-même un Bref pour être autorisé à invoquer et à fêter Marie *conçue sans péché* (3).

Enfin, un des derniers actes de l'administration du prélat, l'adoption en principe de la liturgie romaine, lui valut de nouvelles attaques, d'un seul côté, toutefois. Un autre journal qui chaque jour déchire de ses propres mains les derniers lambeaux d'une ancienne réputation de libéralisme et de bonne foi, osa perfidement insinuer que l'Archevêque cédait à nous ne savons quelles influences, dont il se plaignait sans cesse en leur obéissant toujours.

Si la dignité n'avait pas commandé le silence en présence d'une insinuation déloyale et sans portée, il eût été facile de répondre aux *Débats* (4) : Qu'à son arrivée à Digne,

---

(1) L'*Indépendance belge*, Décembre 1854.
(2) pag 543, 545.
(3) pag. 542.
(4) Mai 1856.

Mgr Sibour adoptait la liturgie romaine ; qu'une réforme pareille pour le diocèse de Paris était, depuis longtemps, arrêtée dans sa pensée, et que les circonstances seules s'étaient jusqu'alors opposées à son exécution (1). Mais qu'importait à la feuille rationaliste ; il ne s'agissait ici ni de justice ni de bonne foi.

Et maintenant, quittons ce trône pontifical exposé à tant d'attaques, en proie à la calomnie et vers lequel s'avance le meurtre, pour nous arrêter à des années moins éclatantes, mais plus heureuses, et suivre le cours d'une exi-tence que la vie et la mort devaient également illustrer.

III.

Marie-Dominique-Auguste Sibour naquit le 4 avril 1792, à Saint-Paul-Trois-Châteaux, jadis ville épiscopale, aujourd'hui humble chef-lieu de canton, connu seulement des érudits, comme ancienne capitale du pays des Tricastins, et des archéologues, à cause de sa belle et antique cathédrale, œuvre justement appréciée de l'architecture romane.

La famille du futur archevêque de Paris devait tenir un rang intermédiaire entre la vieille bourgeoisie et la petite noblesse, puisqu'un de ses oncles paternels, ancien officier de l'école de Brienne, mourut, judiciairement assassiné à Quiberon, avec le grade de capitaine adjudant-major dans l'armée de Condé. Le jeune Auguste Sibour arrivait à sa huitième année, quand son père, quittant le pays natal, vint se fixer au Pont-Saint-Esprit, où il eut le bonheur de pouvoir suivre, pendant sept ans, les leçons d'un prêtre plein de mérites qu'une juste réputation de savoir conduisit, de son modeste pensionnat, au rectorat de l'Académie de Poitiers.

Le digne instituteur, connaissant la vocation de son élève, lui prédit, « s'il persévérait, qu'il deviendrait un prêtre re-» marquable » (2) ; et peu après, en 1807, Auguste Sibour

(1) Pag 211, 358.
(2) Page 7.

obtenait de son père, qu'il devait perdre un an plus tard, la permission de se consacrer tout entier au service de Dieu. L'aspirant au sacerdoce appartenait, par sa naissance, au diocèse de Valence, et à celui d'Avignon par le pays où il était fixé; besoin lui fut d'un *démissoire*, et c'est en le sollicitant pour lui de l'évêque de Valence, que le curé du Pont-Saint-Esprit, le vénérable abbé Gros, écrivait cette phrase vraiment prophétique : « L'Eglise sera un jour utilement » servie par ce sujet, si, par la grâce de Dieu, il consomme » ses desseins (1).

A peine âgé de quinze ans et tonsuré des mains de l'évêque d'Avignon, Auguste Sibour vint étudier au grand séminaire de Viviers, sous l'abbé Vernet, un des prêtres qui, dans ces jours de rénovation et de luttes, ont rendu le plus de services à l'église de France. Au bout de deux années, le jeune séminariste quitta cette maison, en y laissant des traces durables de son application et de sa piété, pour aller au séminaire de Saint-Charles, à Avignon, que dirigeait un homme vénérable, M. l'abbé Sollier, dont le souvenir ineffaçable se grava dans le cœur de son élève reconnaissant.

Vers la fin de 1811, l'abbé Sibour vint à Paris où l'appelait le désir de fortifier et de compléter ses études, comme aussi, peut-être, le besoin d'éprouver, en la présentant, pour ainsi dire, à la pierre de touche du monde, une vocation trop souvent imposée par l'imprudence et acceptée par la légéreté. Admis comme professeur au petit séminaire de Saint-Nicolas-du-Chardonnet, il eut à la fois une retraite pour les méditations pieuses, la liberté de suivre les cours publics les plus en renom et de goûter ces joies de l'esprit que Paris seul sait donner.

Les événements politiques condamnèrent l'abbé Sibour à de nombreuses absences, et nous le retrouvons dans cette ville aimée en 1817, au milieu d'hésitations douloureuses, apanage assuré des âmes prêtes à consommer un grand sacrifice. Le jeune lévite triompha de ses doutes sur une voca-

____

(1) Page 8.

tion dont la grandeur l'épouvantait, et fortifié par l'abbé Sollier, confident, après la victoire, de ce rude combat, il alla chercher à Rome de nouvelles lumières pour son esprit et des aliments pour sa piété.

L'abbé Sibour apporta dans la métropole catholique un ardent amour de l'étude, et un vif attrait pour la bonne compagnie. Son temps se partageait entre les bibliothèques publiques, le travail du cabinet et la fréquentation assidue des personnages éminents qui l'accueillirent, et des amis qu'une communauté de sentiments et d'idées avaient liés avec lui, comme le peintre allemand Veït, et cet Overbeck devenu par la foi et par le génie, le Jean de Fiesole de notre siècle.

En même temps, il se préparait, par la méditation et la prière, à franchir les dernières barrières qui le séparaient du sacerdoce; puis, retrempé par une retraite chez les Jésuites, il reçut les ordres le 14 juin 1818, et célébra sa première messe, assisté de M. l'abbé Martin de Noirlieu, son ami de tout temps, dans l'église française de la Sainte-Trinité-du-Mont.

Un moment séduit par l'exemple de son compatriote, l'abbé Sibour fut tenté de s'attacher, comme instituteur, au fils d'une grande dame russe, la comtesse Potocka : mais la patrie l'attirait, et aux derniers jours de 1818, nous le retrouvons à Paris, collaborateur, aux Missions Étrangères, du vénérable abbé Desgenettes, dont l'Archevêque aimait souvent, depuis, à se dire le vicaire. Ramené par les besoins de sa santé sous le ciel plus doux de son pays, il revint prendre à St-Sulpice un nouveau vicariat qu'il fût bientôt encore obligé d'abandonner, pour essayer un peu plus tard du poste moins laborieux d'aumônier au collége royal de St-Louis. Enfin, prévoyant de toujours succomber dans cette lutte contre un climat trop âpre, alors, pour ses forces, il accepta le canonicat que lui offrait le nouvel évêque de Nîmes, Mgr de Chaffoy, promu, depuis peu de mois, à ce siége récemment restauré. (7 déc. 1822.)

L'abbé Sibour cherchait dans cette retraite non un oreiller pour sa paresse, mais, au contraire, ces loisirs féconds où les intelligences bien douées se développent et se fortifient. Ce laborieux repos et ces années d'études lui valurent, avec les jours les plus heureux de sa vie, des trésors de science où plus tard il lui fut permis de puiser à pleines mains.

Cependant, l'inaction absolue ne pouvait convenir longtemps à son ardente nature; il prêchait à Nîmes, et Mgr de Chaffoy le crut propre à diriger les missionnaires qu'il envoyait pour raviver la foi dans les diverses parties d'un diocèse privé, depuis plus de 30 ans, de pasteur et de direction, au milieu de tous les dangers de l'indifférence, de toutes les séductions de l'hérésie. L'Evêque n'eut qu'à se louer de son choix; partout la voix du prédicateur fit retentir une parole féconde chez les âmes catholiques, et salutaire même aux dissidents. Sans doute il y eut peu ou point, peut-être, de retours éclatants, mais le missionnaire recueillit l'estime, la sympathie, tout ce que peut enfin gagner encore le prêtre dans ces contrées ravagées par tant de violences, soulevées par tant de passions.

Ce fut surtout de 1824 à 1830 que l'abbé Auguste Sibour exerça le ministère de la parole divine. En cherchant le bien des âmes, il trouva la réputation; et ses succès portèrent à Paris un nom qu'on n'y avait point entièrement oublié. Désigné pour la station de carême de 1831 à la cour, et, tout d'abord, pour celle de 1830 aux Quinze-Vingt, il donna, dans cette chapelle, le dernier sermon de la Cène prêché sur la terre de France devant ce roi vénérable, si près, lui aussi, d'être lâchement abandonné et trahi par ceux qui étaient ses proches et dont il avait cru s'être fait des amis.

Le choix du grand aumônier répond aux doutes émis sur les facultés oratoires de Mgr Sibour. Le biographe l'avoue avec sincérité; pour ceux qui ont entendu seulement le *prélat*, ces doutes sont fondés : le temps n'était plus où il pouvait confier à une mémoire tenace des sermons soigneusement élaborés; l'improvisation ne lui avait jamais été familière, et se livrant tout entier aux inspirations de son cœur, il se croyait pieusement paternel quand il était long et diffus (1). Oserons-nous ajouter que les fragments rapportés par l'historien, tout en révélant l'écrivain, ne sortent point de l'ornière académique et des formules ordinaires aux orateurs du temps ; évidemment, ce n'était point un de ces esprits puissants et hardis à qui la chaire a dû son réveil : ses destinées n'étaient point là.

Ce carême promis à la cour, et que la cour entendait alors au milieu des douleurs de l'exil, ce carême de 1831 fut donné à la métropole savante et polie de l'antique Provence. Aux Tuileries, l'abbé Sibour eût trouvé, sans doute, un protecteur puissant ; à Aix, il trouva peut-être mieux encore. Un jour se présente à lui un jeune ecclésiastique attaché au secrétariat de l'Archevêché, et réclamant une parenté rendue vraisemblable par une identité de nom ; le chanoine de Nîmes reconnut en effet un cousin, d'un degré assez éloigné, dans l'abbé Léon Sibour. Mais ces liens de famille, ainsi renoués, furent les moindres de ceux qui unirent ces deux âmes conduites l'une à l'autre par la main de Dieu. Séparés dans la vie par un intervalle de quatorze années, ils comblèrent cette distance l'un, par son cœur toujours jeune, l'autre, par la précoce maturité de son esprit ; et depuis, ils ont marché ensemble, se suivant, s'aidant, se complétant ; unis dans la joie comme dans la douleur, associés aux mêmes travaux, et enfin réunis sur ce siége archiépiscopal dont ils devaient descendre tous deux à la fois. Hélas ! peu s'en est fallu que la même tombe ne les reçût à la même heure ! Frappé d'un mal foudroyant quelques jours à peine avant la catastrophe du 3 janvier, Mgr l'évêque de Tripoli ne semblait pas devoir survivre à ce coup de tonnerre, tombant sur un homme plus qu'à moitié mûr pour la mort... Mais la foi du prêtre triompha d'une telle douleur, et Dieu l'a laissé parmi nous comme pour mener sur cette terre l'inconsolable cortége de tant d'amis en deuil.

(1) Pages 61, 62.

Le ministère de la parole divine n'absorbait pas entièrement l'abbé Auguste-Sibour. Plein du sentiment de la dignité sacerdotale, il ressentait vivement les attaques diri-
gées contre le clergé par un prétendu libéralisme dont nous
avons tous connu la sincérité. Il prit la plume pour repous-
ser des allégations sans fondements, d'absurdes calomnies.
et composa, en 1828, un *Essai d'apo'ogie* resté inédit, dont
le biographe donne l'analyse, en le déclarant très propre à
faire honneur « au jeune prêtre également dévoué à l'autorité et à la liberté (1). »

La liberté de l'Eglise fut, pour le dire en passant, l'objet
des préoccupations constantes de Mgr Sibour ; simple prêtre ou évêque, il n'eut jamais d'autres aspirations, d'autres
désirs, d'autres buts ; elle fut tout le fond de sa politique
et la source de variations plus apparentes que réelles.

Cet amour de la liberté l'entraina, comme tant d'autres,
à la suite de ce prêtre qui semble s'être élevé si haut pour
mieux montrer les chutes effroyables auxquelles expose
l'orgueil. Correspondant de l'*Avenir*, le chanoine de Nîmes
se rangea parmi les écrivains ardents, impétueux, dont le
plus grand tort était d'avoir trop tôt raison. Mais, comme
ses illustres collaborateurs, Lacordaire, Gerbet, Montalem-
bert, il aima l'Eglise plus que ses propres pensées, et, soumis à la voix du Père commun des fidèles, il courut se jeter
aux pieds de son évêque et confesser ses torts (2).

En se séparant d'un maître révolté, désormais réduit à
prendre pour disciples ceux qu'il stygmatisait naguère de
ses plus virulentes apostrophes, l'abbé Auguste Sibour trouva, pour ses combats en faveur de la religion, des auxiliai-
res dont les doctrines politiques ne furent jamais les sien-
nes, mais parmi lesquels il devait compter « jusqu'à la fin,
» et par de là sa mort, ses plus fidèles amitiés. » (3) Quand
les légitimistes de Nîmes fondèrent, en 1832, la *Gazette du*

(1) Pages 57 à 45.
(2) Page 70.
(5) Page 76.

Bas-Languedoc, il fit partie du comité de rédaction, et confia souvent à ses colonnes des articles de critique où brillaient « la sûreté du goût, le bon sens littéraire, la délica-
» tesse de la pensée et le sentiment profond de l'art. » (1)

Noter ces incidents de la vie de Mgr Sibour, c'est faire deviner les liens qui l'unirent si tendrement à M. Reboul; autour d'eux se groupait une petite phalange d'hommes d'élite, tels que MM. Béchard, Boyer, d'Alzon, et bientôt, le modeste logement du chanoine vit (1835) chaque semaine des réunions où les plaisirs de l'esprit étaient doublés par les charmes de l'amitié.

L'académie de Nîmes ne tarda pas à s'approprier le fondateur de l'académie de la Madeleine (2) : et peu après la mort de Mgr de Chaffoy faisait choisir l'abbé Sibour, par le chapitre, pour vicaire général capitulaire (sept. 1837). Cette nouvelle position, en lui permettant de mettre en lumière des facultés encore ignorées, prouva qu'il était, à tous égards, digne de l'épiscopat ; et le 30 septembre 1839, il fut appelé au siége de Digne, vacant par la démission du saint évêque Miollis.

Sacré dans la métropole d'Aix le 25 février 1840, l'évêque s'annonce d'abord à son diocèse par une lettre pastorale, commentaire magnifique des paroles sacrées qu'il venait d'adopter pour devise « major autem horum est charitas » *la charité est la plus grande des vertus;* puis il vient, aux premiers jours de mars, prendre possession de son siége et s'installer dans un palais épiscopal si pauvre et si dénué que « pour ajuster son rabas il lui faut, privé de glace dans » sa chambre, courir en hâte au salon (3). » Son premier soin est d'établir des conférences ecclésiastiques, de stimuler le zèle de ses prêtres pour les études ; puis, dès le 1ᵉʳ mai, il va dans les montagnes dépouillées de neige, en-

(1) Page 85.
(2) Rue où demeurait l'abbé Aguste Sibour.
(3) Lettre du prélat, pag. 121.

treprendre cette visite pastorale dont nous avons déjà re-
cueilli quelques traits.

De retour à Digne, l'évêque, pour satisfaire aux besoins
de son cœur et aux tendances de son esprit, veut rétablir
dans la cité bas-alpine comme une autre académie de la
Madeleine; et réunissant au palais épiscopal magistrats,
administrateurs, théologiens, savants, et même poètes com-
pris ou incompris, il retrouve ces douces heures qu'un siége
plus brillant ne devait pas lui rendre.

Mais voici que par-delà les mers une voix de frère l'appelle pour orner le triomphe de son cher Augustin, repre-
nant solennellement possession de cette terre d'Afrique qui
n'avait pas su garder les os du plus illustre de ses enfants.
Mgr Sibour assista, en octobre 1842, aux fêtes de la trans-
lation à Bône des reliques du plus grand docteur de l'Eglise
latine, et, plein d'un juste enthousiasme pour un spectacle
sans pareil, il en redit les émotions et les pompes dans un
Mandement remarquable et qu'il faudrait pouvoir largement
citer.

Rome l'attirait depuis longtemps par les sympathies de
son âme et les souvenirs de sa jeunesse. Déterminé par ses
devoirs d'évêque, il s'embarque, au mois de février 1843,
pour la ville éternelle en compagnie de l'abbé Léon Sibour,
alors professeur d'histoire ecclésiastique à la Faculté de
théologie d'Aix. Ils passèrent deux mois dans la capitale du
monde chrétien, se consacrant aux besoins du diocèse de
Digne et à ces visites pieuses, à ces vivifiants entretiens qui
sont, pour les âmes de foi, le plus vif attrait d'un tel
voyage.

Pleinement goûté par le saint pontife Grégoire XVI, qui
le nomma prélat assistant au trône pontifical, Mgr Sibour
ne réussit pas moins dans la société romaine ; il revint les
mains remplies de grâces concédées par le Saint-Siége en
faveur de ses chères ouailles, auxquelles il raconte, en deux
mandements, les impressions touchantes et les graves ins-
tructions recueillies dans ce pélerinage au tombeau des
apôtres.

Rendu à ses fonctions, il s'y donne tout entier, et son œil vigilant se porte même sur tous les points menacés du troupeau du Seigneur. Il signale les excès du colportage qui venait infecter de simples et pieux montagnards Quand, du premier siége des Gaules, tombe sur le *manuel* d'un juriste célèbre à trop de titres, une condamnation méritée, l'évêque de Digne apporte au prélat attaqué dans ses prérogatives le concours d'ardentes sympathies ; il combat l'impuissant arrêté du Conseil d'Etat, et soutient, en faveur de la bulle *Auctorem fidei* et de ses doctrines, une lutte où l'avantage ne reste point au ministre (1).

Nous touchons à une époque critique de la vie de Mgr Sibour. Le 26 avril 1846, dans une visite pastorale, le cheval attelé à sa voiture, effrayé du bruit des fanfares, s'emporte et entraîne, au milieu d'une foule de femmes et d'enfants, l'évêque à demi-mort en envisageant les suites d'un si funeste événement...

Tout se réduisit à des contusions sans gravité, mais le prélat, frappé au cœur, languit quelques semaines, et en proie à un mal inconnu s'avançait rapidement vers les portes du tombeau. L'énergique résolution d'un neveu, accouru pour lui prodiguer les soins de son art, détourna le coup fatal. Il osa emporter loin des lieux où il se mourait celui que la ville en pleurs regardait comme un cadavre, et Dieu, secondant cette heureuse audace, conduisit le prélat vivant encore sous le ciel natal. Bientôt il y retrouva la santé, puis quelques forces, et put, le 26 octobre, retourner au milieu d'un peuple qui, ne pouvant en croire ses yeux, célébrait par ses larmes ce retour inespéré.

IV.

Bientôt, grâce au repos goûté sous le ciel plus doux de la Provence, disparurent les dernières traces du mal qui avait failli emporter le doux évêque, destiné fatalement à

2

mourir victime de sa bonté. Mgr Sibour put adresser à ses chères ouailles le Mandement ordinaire pour le carême de 1847, et, par une inspiration touchante, il leur parla de cette mort dont il avait côtoyé les sombres royaumes. Enfin, dans le courant de cette même année, il publia le second volume d'un livre trop important dans l'histoire de l'Eglise de France, trop considérable dans la vie du prélat, pour ne point s'y arrêter un moment avec le biographe, nous voulons parler des *Institutions diocésaines*.

L'organisation de l'Eglise de France, telle qu'elle est sortie du concordat et des articles organiques, semble être marquée d'un double caractère : d'un côté, isolement des évêques entre eux, entraves dans leurs rapports avec le Saint-Siége (articles 1, 2, 4); de l'autre, autorité absolue, sans contrôle, sans contrepoids, sur les choses et les personnes ecclésiastiques. Cette situation, pleine de périls, est unique dans l'Eglise, étrangère à toutes les traditions du catholicisme fondé sur les deux bases de la *règle* et de la *hiérarchie*. Dès l'origine, le Souverain-Pontife protesta contre les empiétements du pouvoir séculier, et depuis, les meilleurs esprits ont vigoureusement attaqué ce mélange de dépendance et d'arbitraire, où se retrouvent toutes les inspirations du temps auquel appartiennent ces vicieuses institutions.

Simple prêtre, l'abbé Auguste Sibour gémissait sur un état de choses contraire à tous les principes liturgiques, à l'essence même des gouvernements modernes. Dès 1836, il confiait au dépositaire habituel de ses pensées sa tristesse en présence « de ces servitudes... du régime intérieur de » l'Eglise de France, d'où l'arbitraire n'était pas suffisam- » ment exclu, et souhaitait d'être évêque pour parler et agir » utilement (1). »

Il le fut, et de suite se mit à l'œuvre ; non point à publier un livre, mais, ce qui valait mieux, à faire, à organiser, et,

____

(1) P. 92.

comme le philosophe antique, à marcher pour prouver le mouvement.

Le chapitre, son rang, ses attributions appelèrent tout d'abord l'attention du prélat; et l'on n'ignore pas quelle est, dans l'ordre ecclésiastique, l'importance de ce sénat épiscopal. Suivant les paroles d'un illustre archevêque d'Aix, Mgr de Cicé, « dans tous les temps, l'Eglise a reconnu les » chapitres comme une partie essentielle des diocèses » (1). Les conciles en ont fait le conseil ordinaire et souvent obligé de l'évêque; plus anciennement encore, au dire des hommes versés dans les antiquités religieuses, il formait comme la famille épiscopale : évêque et chanoines vivaient en commun, dans une maison habituellement contiguë à l'église cathédrale (2).

Le Concordat, au contraire, se tait à l'endroit des chapitres, et la loi organique (articles 11 et 35) subordonne leur existence, et par conséquent leurs pouvoirs, à la libre volonté des évêques sanctionnée par le gouvernement.

Mgr Sibour voulut ressusciter ce qui, dans les anciens canons, était d'une application raisonnable et possible, et « mettre l'exercice de la juridiction épiscopale au-dessus » de ces injustes accusations d'arbitraire que les ennemis du » pouvoir des évêques ne lui épargnent pas » (3).

Le prélat employa trois ans à préparer ses *constitutions capitulaires*; il les achève à Rome même, et les présente à l'approbation du St-Siége, obtient, le 15 avril 1853, un décret où Sa Sainteté déclare « qu'Elle a voulu, ici, publique-» ment, de la manière la plus affectueuse, honorer de ses » éloges et de son suffrage pontifical une pareille con-» duite » (4); puis, fort de cette solennelle ratification, il les

(1) P. 99.

(2) M. l'abbé Marquet, dans la remarquable monographie de son église paroissiale du Bourg-St-Andéol (p. 29, note).

(3) P. 98, 99.

(4) P. 100.

promulgue à Digne, au milieu des témoignages de reconnaissance et de joie de tout son clergé.

Après avoir réglé le pouvoir administratif, l'évêque avait
hâte de se décharger d'un fardeau trop pesant pour un
seul homme, de se dépouiller « de cet office de juge qui
» force souvent à frapper aujourd'hui, *et a*, de sa nature,
» quelque chose d'odieux. On voit, ajoutait-il, tous les pou
» voirs s'empresser de le déposer, quand ils le peuvent. Ce
» que font les pouvoirs temporels... comment les pouvoirs
» ecclésiastiques ne le feraient-ils pas, eux qui ne peuvent
» s'adresser qu'à la conscience et au cœur (1). »

Tel est, en effet, le régime établi par la suppression des
tribunaux ecclésiastiques ; le pouvoir judiciaire, pouvoir de
délégation par son essence, s'exerce uniquement et absolument par l'évêque même. Seul, et sans avertissement, sans
information, sans enquête, sans défense, sans aucune de
ces garanties assurées, dans la justice ordinaire, aux plus
vils criminels, l'évêque peut retirer les fonctions, suspendre
les prérogatives, interdire même l'autel, ce dernier refuge
d'un cœur brisé. Sans doute, ces droits exorbitants, inouïs,
sont tempérés par la bonté, réglés par la prudence, mais
nous sommes *tous hommes*, l'esprit est toujours borné par
quelqu'endroit ; la conscience peut être surprise, égarée,
entraînée par son zèle, et la main consacrée pour bénir,
peut faire à l'honneur et à la vie même d'un prêtre fidèle
des blessures que rien ne saurait guérir.

L'évêque de Digne, pénétré d'une situation dont les périls
nous sont montrés par trop d'exemples récents, se hâta d'y
apporter un remède efficace en rétablissant l'*officialité diocésaine*, tribunal présidé non par l'évêque, mais par des délégués qui agissent en son nom. Puis, il entoure cette juridiction des précautions les plus sages et les plus paternelles ;
laissant toute liberté d'explications, donnant les moyens les
plus étendus, les plus complets de défense à l'accusé (2) ;

(1) *Institutions* citées p. 102.
(2) P. 102, 103.

se dépouillant, en un mot, de tout pouvoir arbitraire, et, comme le saint évêque de Genève, ne se réservant que la clémence.

Commenter et justifier ces réformes, tel fut l'objet du premier volume des *Institutions diocésaines.* « Travail d'ex- » position et de discussion fait supérieurement et avec une » parfaite mesure de langage (1) » et suivi, à trois années de distance, d'un dernier volume où les vraies *libertés de l'Eglise gallicane* étaient exposées et réclamées avec la science d'un docteur et l'intrépidité d'un apôtre. Il établit victorieuse- ment le droit des évêques de se réunir en conciles, et d'as- sembler chez eux des synodes diocésains; prérogatives in- hérentes à l'épiscopat, et au-dessus de toutes les atteintes du pouvoir civil.

Accueilli avec la plus grande faveur dans le monde religieux; ayant à peine soulevé quelques objections, moins sur le fonds que sur l'opportunité des réformes proposées, cet ouvrage et les *institutions* qu'il exposait trouvèrent dans le pouvoir d'alors la plus vive répulsion. Le ministre avait essayé de contester à l'évêque le droit de faire ses *statuts capitulaires* sans le *placet* du gouvernement (2), et quand on le vit passer outre et susciter des imitateurs de ses réformes, l'irritation en haut lieu se traduisit par des actes significatifs, par des paroles plus graves peut-être. Le cardinal Bernet venait de laisser vacant, par sa mort, le siége métropolitain d'Aix (1846); le clergé s'empressa de demander pour pasteur un prélat qu'il connaissait et aimait depuis longtemps; il essuya un refus formel (3), accompa- gné de ces paroles : « Je ne veux pas d'évêque qui font des » livres. »

On peut penser, d'après ces précédents, de quelle ma- nière le second volume et ses vigoureuses démonstrations furent accueillis, par un gouvernement qui invoquait tour à

(1) Page 104.
(2) Page 180.
(3) Page 220.

tour, la charte, pour autoriser les plus indécentes attaques contre la religion, et les *articles organiques*, pour rendre toute défense impossible ou ridiculement illusoire.

Quant à Mgr Sibour, il savait trop à quels hommes, ou plutôt à *quel homme*, il avait à faire ; aussi, après avoir exposé les moyens que suggérait la prudence, les ressources qu'offraient les mœurs et les lois constitutionnelles pour vaincre de tyranniques prétentions, il ne reculait pas devant la perspective des plus redoutables extrémités, et osait écrire ces paroles, magnifique écho des premiers âges de l'Eglise : « Enfin, s'il le fallait (il faudrait) descendre de » nouveau dans les catacombes, s'assembler en secret, mal-» gré les oppresseurs de la liberté et de la conscience ; se » réunir au nom du droit divin, au nom de la loi de l'Eglise, » au nom même de la loi fondamentale du pays ; et à dé-» faut d'autre paix, alors, goûter au moins celle que donne » la pensée d'un grand devoir accompli (1). »

L'archevêque de Paris devait prouver, deux ans plus tard, que, dans la bouche de l'évêque de Digne, ce n'était pas là de la déclamation.

On a trop oublié, peut-être, sous quels auspices s'ouvrit l'année 1848 ; il y avait, autour de nous comme une atmosphère lourde et méphitique; à ces heures, les âmes généreuses semblent prévoir et presque appeler l'orage, sans trop se préoccuper de la foudre renfermée dans ses flancs.

Nous en étions à peu près tous là, et, comme nous, l'évêque de Digne pressentait la tempête ; dans son Mandement, il parle « de ces crimes de nations... que la justice divine ne » saurait, sans se trahir, laisser impunis sur cette terre ; » car,... les destinées des empires ne s'étendront pas dans » l'éternité,.... et les peuples doivent trouver dans cette vie, » leur purgatoire, ou leur paradis ou leur enfer (2). »

La révolution de février ne le surprit donc point, nous

(1) *Institutions*, citées page 109.
(2) Page 221, 222.

pouvons ajouter qu'elle ne le troubla pas davantage ; mais, pour être plus sincère, peut-être, son adhésion au nouvel état de choses ne fut ni plus empressée ni d'une expression plus vive que celle de ses vénérables collègues ; comme nous tous, il eut quelques heures d'illusions ; il put espérer qu'au milieu de tant de libertés promises, il y aurait place pour la liberté de l'Eglise, et qu'on n'invoquerait plus contre Elle « toutes les lois d'exception et de servitude des régimes précédents (1). »

Mais ces rêves furent courts, et l'évêque de Digne apprit bientôt à quoi se réduisaient les *conquêtes de Février.* Dans un département, celui de l'Aisne, un commissaire extraordinaire prend fantaisie de suspendre deux desservants ; l'un, parcequ'il a refusé les dernières prières à un suicidé ; l'autre, parce que sa présence *compromettait la sûreté publique :* Notre prélat s'émeut, et proteste contre cet « abus de » pouvoir, empiètement sur l'autorité épiscopale et violation » de la liberté religieuse. » (2) Dans notre propre cité, un homme qu'on a bien eu, naguère, l'impudence de présenter aux suffrages libéraux et indépendants — pas à Lyon, du moins — M. Em. Arago, lance un décret portant dissolution des corporations religieuses dans le département du Rhône. En apprenant ces énormités, *l'ancien écrivain de l'Avenir* sent renaître son ardeur doublée par le sentiment des devoirs du pontife ; il s'adresse au ministre, il en appelle au président de gouvernement provisoire, dénonce « cet acte *qui* indigne l'opinion publique, révolte » les consciences catholiques et compromet les destinées de » la nouvelle révolution ; » il demande « si on a proclamé » le règne de la liberté pour légaliser la servitude?... » Il espère enfin que « le gouvernement provisoire se hâtera de flétrir l'acte du citoyen Emmanuel Arago, de calmer les » alarmes et d'affermir la confiance publique ébranlée (3) »

(1) Lettre à ses curés, 1ᵉʳ mars 1848, cit. page 222.
(2) Page 225.
(3) Lettre du 19 mars 1848, à la page 224.

Hélas! que d'illusions dans ces dernières paroles !... or voici comment il en advint. Sollicité par son clergé, l'évêque de Digne avait accepté la candidature à l'assemblée nationale, et le gouvernement provisoire, sachant quel homme il aurait en tête, se *hâta* de la combattre « en organisant l'intimidation contre les curés » (1) et employant des moyens tels que, bien à regret, mais pour la paix et le repos de ses prêtres, le prélat se crut (12 avril) obligé de décliner les suffrages.

Tels étaient les rapports de Mgr Sibour avec la République, quand il fut appelé à l'archevêché de Paris, dans les premiers jours de juillet 1848; on avouera qu'il avait fait peu d'avances au gouvernement. Qui donc l'amena sur ce siége ensanglanté? Dieu, sans doute, et cette voix intime qui révèle les hommes nécessaires aux situations, et acclama, pour ainsi dire, « cet évêque, caché dans un pauvre coin des » Alpes... comme l'instrument providentiellement indiqué » pour traverser des temps difficiles... » (2). Mais il est toujours des causes secondes, et « le véritable électeur » de Mgr Sibour, fut son livre des *institutions diocésaines*; ainsi Dieu semblait le récompenser par une dignité si éminente du poste, plus modeste, qui lui avait été refusé précisément à cause de ce livre même, et de ses combats pour la liberté de l'Eglise

Aussi cette nomination fût elle accueillie avec joie par le monde religieux et, dit le biographe, « nous avons lu un » très grand nombre de lettres d'archevêques et d'évêques » de France qui applaudissent à un tel choix, et en bénissent Dieu. » (3)

Quant à Mgr Sibour, ce n'était point, à coup sûr, par fausse modestie qu'il protestait de ses répugnances, et il ne fallait ni un courage ordinaire ni un médiocre dévoûment

(1) p. 226.
(2) p. 228.
(3) p. 228.

à l'Eglise et au pays, pour accepter la succession de l'archevêque martyr.

Voilà comment notre vénéré prélat monta sur le siége de
Paris ; on sait trop comment il en descendit. Nous nous
tairons sur cette lugubre journée du 3 janvier 1857, date
fatale et qui marque d'un sceau funèbre l'année ouverte
sous de si tristes auspices. Disons seulement que l'assassin
parut digne de son forfait, et se montra comme le propre
frère de Satan lui-même « tombé d'aussi haut, tombé aussi
» bas (1). »

On sait les hommages rendus au martyr ; rien n'a manqué à sa gloire, ni la pompe des funérailles, ni les larmes
du pauvre, ni les regrets du monde chrétien. Qui n'a devant les yeux ce spectacle unique, ce meurtrier sacrilége, ce
prêtre blasphémateur appelant le peuple au secours de ses
fureurs impies, et le peuple devançant la justice, et sécriant
tout d'une voix : « Assassin ! assassin !... »

A ces douloureux souvenirs la force nous manque, pas-
sons...

Après avoir montré dans Mgr Sibour le prêtre et l'évêque,
il nous resterait à peindre l'homme ; mais nous reculons
devant une tâche où nous resterions trop au-dessous des
justes exigences de ceux qui l'ont connu. Mieux vaut aller
chercher dans le livre même de M. Poujoulat un portrait
tracé par la main pieuse d'un ami qui cherche à fixer pour
jamais les traits de l'ami si cher à son cœur (2). On y verra
quelle grâce éclatait dans la personne et le langage du prélat, quelle était la bonté de son âme, quelles nobles et généreuses illusions, dont la triste expérience des choses humaines ne put jamais entièrement le dépouiller !... Et si le
biographe paraît suspect par son amitié même, faisons en-
tendre des voix indépendantes et obéissant à la vérité seule,
même quand elles semblent flatter :

—Ecoutons d'abord ses coopérateurs :

(1) p. 376.
(2) Chap. XII.

« Quelle âme plus indulgente? quel cœur plus enclin à
» la mansuétude?... en qui vit-on jamais une vertu plus
» douce, une telle surabondance de charité? plusieurs ont
» pu accepter contre le pieux archevêque des préventions
» irréfléchies, jamais ils ne les ont gardées après l'avoir en-
» tendu (1). »

Veut on, enfin, un témoignage plus décisif encore, qu'on
écoute un évêque des plus illustres, et qui, par tous les an-
técédents et toutes les affections de sa vie, devait être porté
à la sévérité bien plus qu'à l'indulgence; qu'on écoute Mgr
Dupanloup, cet homme dont l'amitié seule est un titre à
l'estime et au respect :

«.... Le pieux pontife, dont nous déplorons la mort, était
» la bonté même, le meilleur et le plus indulgent des hom-
» mes. J'ai connu, j'ai vénéré, j'ai admiré ses immortels
» prédécesseurs; je les ai même servis, selon mes forces,
» dans le grand labeur dont ils étaient chargés : mais je dois
» le dire, nul n'a été plus pasteur que Mgr Sibour. Nul n'a
» plus fait que lui pour le salut des âmes, pour le dévelop-
» pement de toutes les œuvres de la charité et de la piété
» chrétienne ;... Dieu, à l'heure qu'il est, lui tient compte de
» tous ses travaux et de toutes ses peines ; sa main paternelle
» a fermé déjà les plaies de ce cœur qui n'a su dans la vie
» comme dans la mort, que plaindre et pardonner. » (2).

Taisons-nous désormais, et mettons fin à ce travail déjà
si loin des limites que nous lui avions d'abord assignées.
Nous nous sommes trop complu, peut-être, au milieu de
souvenirs amers et doux ; mais si la pâle esquisse du mo-
nument élevé, par une main amie, à la gloire de notre prélat pouvait le faire plus aimer, en le faisant mieux connaî-
tre, nous serions heureux de payer, autant qu'il est en
nous, la dette d'une reconnaissance éternelle. Hélas ! cette

(1) Mandement des vicaires-généraux capitulaires, cité p.206.
(2) Lettre pastorale de l'évêque d'Orléans , citée pages 592
et 593.

bienveillance, nous pouvons l'avouer sans crainte pour notre amour-propre , sans redouter les jaloux ; peu de gens
nous l'envieront aujourd'hui, ce n'est plus que la protection d'un saint !...

·Clément Carsignol.

Nous croyons devoir prévenir que si tous les faits, —sauf
un très petit nombre,—sont tirés du livre de M. Poujoulat,
beaucoup d'opinions et de jugements nous appartiennent
en propre. Quand nous avons emprunté les appréciations
de l'auteur, nous l'avons cité textuellement, ou , tout au
moins, nous avons indiqué les pages d'où cette appréciation
est extraite.

Lyon Impr. de J. B. Pélagaud.